REFLEJOS

Unos poemas goteados con sabores Fuertes a Gloria

Pedro Diez Cocero

COLECCIÓN ITES

REFLEJOS

© Pedro Diez Cocero
© Diseño de portada: Ianky Iankov (@Iankyz)
© de esta edición: Olé Libros, 2024

ISBN: 978-84-10053-71-7
Depósito legal: V-3107-2024
Impreso en España

KALOSINI, S. L.
Grupo editorial olé**libros**
equipo@olelibros.com
www.olelibros.com

*A una que quiso a todas
las personas que me habitan*

*A Antonio, por salvarme
de las peores*

... El problema era saber sufrir
(lo he resuelto)
y saber gozar
(esto queda en el aire).
GLORIA FUERTES

Prólogo

Parece que he escrito un libro. Créeme, estoy más sorprendido yo que tú. Te cuento:

Hace tres años me arranqué a una persona queridísima, después de compartir mucha vida juntos. Al empezar a borrar las páginas en blanco que quedaban de ese libro, me encontré sin saber cómo empezar el siguiente. Me encontré con un país que antes compartía y ahora ya no. Me encontré teniendo que entender estar solo, y no lo entendía. Mi ciudad se llenó de charcos y no me quedó más remedio que pararme a mirar los reflejos.

No recuerdo cómo apareció Gloria Fuertes en mi vida, pero fue un abrazo de comprensión, un diccionario de sentimientos por fin descritos, que me contaba que hay más soledades como la mía.

Encontré un hueco en su «corriente corrientita», y me sorprendí goteando unos poemas que me ayudaban a dejar por escrito estos sentimientos, empezando unos renglones tímidos de ese nuevo libro.

Escribirlos ha hecho las veces de pensadero, ayudándome a dejar secar la soledad que me había empapado antes de volver a ponérmela, y que pesase un poco menos.

Estos reflejos han sido escritos en una nota del móvil entre Utrecht, Mallorca, Ámsterdam y Bilbao, a bocanadas de dolores viejos y nuevos, de personas viejas y nuevas. Han sido olvidados y revisitados, y ahora, arropado por unas pocas personas maravillosas, por fin publicados.

¿Por qué?

Primero, porque he decidido que prefería haber escrito un libro que no haberlo escrito. Qué tontería. Y sin embargo aquí hay mucho de aprender a rendirme por intentar hacer algo perfecto y aceptar que soy merecedor de mi tinta.

Y segundo, porque quiero posarme en estos poemas torpes de vez en cuando, en un formato que haga que parezcan mejores de lo que son, sin que esto me distraiga de lo que fueron.

En resumidas cuentas, *Reflejos* es para ti si te sirve, pero sobre todo es para mí, que me hace falta. El mundo no necesita estos poemas,

y aquí están.

Introducción

Me gustan los reflejos. Me gusta que tengan carácter y se puedan presentar ostentosos, arrogantes y pistonudos, exigiendo ser el centro de atención, pero también tímidos, sinceros y sencillos, si así lo consideran. A veces son cabezotas, y otras, fugaces, si los dejas escapar. Me gusta que tengan un poco de lo que reflejan y un poco de la superficie que los contiene, y que no tengan sentido sin ninguna de las dos. Me gusta que primero insistan y luego desaparezcan. Me gusta pensar que algunos no los va a encontrar nadie nunca más, y otros aparecen todos los días, si los buscas.

Me gusta que sean consecuencia necesaria e irremediable de la luz , y a diferencia de sus compinches las sombras, estos sí devuelvan brillo. Me gusta que dependan de que yo los mire —o no—. Me gusta que la vista me juegue una mala pasada, o una buena, pero nunca una indiferente. Me gusta sacarlos de contexto, detenerme en los detalles y que no tengan sentido. Ya hay demasiadas cosas que sí lo tienen. Me gusta que imaginen lo imposible, porque como dice Silvio, de lo posible ya se sabe demasiado.

Ahora sí, aquí mis reflejos.

1 | ١

Cuando se resisten los charcos
a ser interrumpidos
démosles el respeto que piden
    —*tímidamente*—
        para mirar los reflejos.

2 | ٢

Entendió que lo que más quería de ella
era que fuese capaz de querer
a todas las personas que le vivían dentro.
Y esto es muchísimo,
pero no suficiente
        al parecer.

3 | ٣

Esto no es un libro,
es un abrazo
tranquilamente
borrado y escrito
       con permiso de Gloria.

4 | ٤

Pedí ayuda
para ser feliz con lo que tenía
y me explicaron
que no era feliz con lo que tenía.
       Fin.

5 | ♭

Mi cerebro me perdona pensamientos
            a ratos,
para que no me rompa.
Las fotos del móvil, en cambio.

6 | ♪

Vivo en el país con el egoísmo per cápita
más alto del mundo.
Me pesa un país.
En unos sitios existo
y en otros florezco.
Aquí sólo existo

                              solo.

7 | 7

Al entrar al apartamento
estaban vivas las plantas.
Todo lo demás se había muerto.

8 | 8

Primero apuñalan,
luego abrasan,
después muerden,
pellizcan,
y finalmente abrazan
(espero)
los recuerdos.

9 | 9

Qué dolor
ser la causa
de un nuevo dolor
que antes no había dolido
para un ser querido.

10 | 01

En donde yo vivo
llueve tanto
que está todo mojado,
menos las personas
que están tan secas
que se ahuyentan.

11 | 11

Ayer fui a cortarme un pelo.
Hoy he ido a cortarme otro.
Los cambios, de uno en uno,
que para no cortarse un pelo
ya están los calvos.

12 | 21

Me niego a la mayoría de las cosas:
a no caerte bien,
a que no me salude un gato,
a ser incansable
y todo lo demás.

13 | ٤١

¡Qué agotador!
Ser objeto de toda esa
condescendencia.
¡Qué derroche
de desindiferencia!

Dame otra cosa
que tengas por ahí:
un grito,
un estornudo.

Pero no me digas
que qué tal estoy.
No me des tu pena,
que de eso ya tengo
tres tazas.

14 | ᔭI

Me apetece mucho
　　—muchísimo—
sentir cosas por gente.
Pero
　　　　¡¿dónde estáis?!

15 | ᘔI

Entraba luz por las ventanas
y la casa siempre estuvo fría.
Las ventanas eran grandes
y la casa siempre estuvo fría.
Se veía el mundo y el árbol de fuera
y la casa siempre estuvo fría.
Es que el sol calentaba
　　　　　lugar.
　　otro
en

16 | ∂ɪ

Soy la penúltima película que he visto.
Me pongo todos los personajes
a ver cuál me queda mejor.
No soy el protagonista
ni de mi propia autobiografía.
Soy el actor secundario
de la que se va a estrenar
el año que no viene.

17 | ⊽ɪ

Quítame esta alegría
y ponme otra.

18 | 81

Ni definitivamente sí,
ni definitivamente no.
No hay espacio para tanta definición
—*ni ganas*—.

19 | 91

Instrucciones para cuando se acabe
el oxígeno en la habitación:
abra las ventanas.

La rutina era un jarrón de cristal.
Se rompió - lo rompí.
Empezaron a escurrirse
todos los quehaceres:
la ropa, tendida;
la basura, pendiente;
la compra, ausente.
Solo quedaba tiempo
para los quereres.
Se acababa - lo acabé.
Lo único que valía

                                    la pena.

Vivo entre dos mundos.
¿Hay alguien más aquí?
Uno se va y el otro viene,
pero casi nunca se queda.

El que se va, se aferra.
Me dice cosas que yo quiero oír.
El que se viene, se hace esperar.
Y yo, desespero por no saber
si quedarme o irme.

¿A dónde? Me preguntan.
¿Quién pregunta? Respondo yo.
Y unos días escribo poesía,
y otros me escondo

                    y me descalabro.

22 | ٢٢

¡Enhorabuena!
Se ha pasado usted la vida.
Pulse el botón para continuar.

23 | ٢٣

Esta vista gorda que me gasto
paréceme de una obesidad mórbida.
Se empacha de brechas de conciencia.
Se atiborra de cosas que no ata y sí borra.
Y yo, famélico de matices, voy,
        y me atraganto de migas.

Me gustaría coger las cosas
una a una.
Llamarlas por su nombre.
Pellizcarlas, si no reaccionan.
Y esto lo espero de manera recíproca.
Las que se me han olvidado,
que me abofeteen.
Y las que no me sé,
que me salpiquen
y me empapen.

25 | ᔕᘓ

En mi lista de palabras favoritas:
     borbotones,
         pistonudo,
            recalcitrante.
No hay espacio para lo simple,
pero sí para lo sencillo.
Esto, creo, me salvará la vida.

26 | ᕲᘓ

Hay en mí una parte
que consigue reírse de todo esto.
Burlar la razón y desazón.
Me mira y me ve,
y se desternilla.

27 | ⲋⲍ

Un paréntesis vital
es acotado por dos personas.
A falta de otros signos de puntuación,
le pongo un punto y coma.

28 | 8ⲍ

Las cosas se usan.
Se gastan.
Se consumen.
Y cuando no se reponen,
se agotan.
Y luego ya
se echan en falta.

Sobre gustos no hay nada escrito.
Sobre lo que quiero que me guste
tengo una enciclopedia.
Sobre lo que me gusta realmente,
¡hay que joderse!
Ni siquiera conozco el idioma
con el que he de escribir
esas tres o cuatro pinceladas
que se borran y escriben
todos los días.

Me he puesto las gafas de ver
ciudades,
motas de polvo
flotar y posarse
sobre la vida
que ya no llevo.
Las ciudades,
las motas de polvo,
me gustan.

Un experimento mental:
mi lecho de muerte, por ejemplo.
En ese momento de tal relevancia
      —*para mí, más que para nadie*—
uno ha de echar la vista atrás
      —*eso dicen*—
y ver si la vida ha valido la pena
      —*o la alegría, o lo que sea*—.

Ese experimento arroja
que, ahora que ya tengo la pena,
tengo que ver si vale la alegría
      —*cuando llegue, si llega*—.
Y si no va a llegar
      —*sinceramente, que es lo más difícil*—,
¿qué hostias estoy haciendo?
Que me sirva esto de recordatorio.

He soñado que la casa estaba medio vacía.
Faltaban la mitad de las plantas.
La mitad de los sabores.
La mitad del sofá.
La mitad de la baraja de cartas.
La mitad del espejo.
Me he despertado y resulta que la casa
en realidad, estaba vacía

de todo.

Una vida guardando cajas,
anhelando la mudanza.
Qué vida tan extraña,
preparando el ataúd.
Y llega el momento.
Esto es tuyo y esto es mío.
Esto lo quiero, esto quédatelo.

Te he querido mucho.

Se vacía el piso, se llenan las cajas.
Se vacían los recuerdos, se llenan las cajas.
Me vacío yo, ¿y ahora qué ~~llenamos~~ lleno?

34 | ⼊Ɛ

El día que fuimos más sinceros que nunca
ella se fue por un lado y yo por otro.
Ese día, que nos quisimos a corazón abierto,
nos entendimos más que siete años.
Luego llegué a casa, y se me derrumbó
una pared sin cuadros.
Me tropecé con el hueco de un mueble
                                        que faltaba.

Qué valiente irse, qué valiente tirar para adelante.
Pero más valiente todavía
perdonar por el camino.
Más valiente todavía, apoyarme,
explorando nuevos significados de lo incondicional.
Qué valiente, darme un abrazo de verdad
e irse diciendo «adiosi» y seguir siendo ella misma

                            en otra parte.

35 | ٣٥

Tengo pánico a lo irreversible.
Necesito que además de vuelta atrás
haya vuelta hacia adelante.
Un botón de deshacer
que deshaga este eterno
no querer hacer nada.
Pánico, en definitiva, a lo definitivo.

36 | ٣٦

El soma mío de cada día dejé de tomarlo.
Me reducía a mi mínima expresión.
Y sin expresión, ¿qué nos queda?
Ahora tengo que aprender a vivir
una vida sin la receta de la felicidad.

¿Felicidad, dices?

37 | ٣٤

Ya no sé si me niego a recordar
o me niego a olvidar.
Antes era lo primero.
Hacer la vista gorda.
Desoírme y desescucharme.

Y ahora, que no me ha quedado más remedio
que intentar entenderme,
no puedo permitirme
olvidar todo lo que ha pasado
mientras me negaba a recordar.

38 | 8ε

Vosotros que, como yo,
no sentís, pero sí padecéis,
tenéis
      —tenemos—
que querer a esos otros
que lloran en las películas.

39 | ǝε

Desde que soy sincero conmigo mismo
dejo o intento dejar más tiempo
para el ruido.
A ver si tanto trajín
trae un traje que me pueda poner.

40 | 0₽

He sido siempre de levitar entre la gente.
Escurrirme rápido antes de que me vean.
Ver sus caras pasar rápido.
Quedarme acaso a tres o cuatro
                              [rasgos de distancia.
Me gusta esquivar, pasar inadvertido.
Tal vez esto me sirva de advertencia
ahora que voy tan despacio.

41 | 1₽

Que alguien me explique qué es eso
del beneficio de la duda.
¿Han probado acaso
el beneficio de la certeza?
Que me digan a qué sabe
y si se te queda entre los dientes.

A veces sentarse a ver pasar a la gente
también es importante.
Dos que no se miran.
Dos que se agarran.
Dos que se tocan y sonríen.
Ahora, no pasa nadie.
Cuatro en cuadrilla
       —hay uno que no encaja—.
Una con andar pesaroso.
Uno que no sabe a dónde va
y una que viene a traerme la cuenta
de mi café solo.

43 | ٤٣

El tiempo me dará la razón
pero a ver si entonces la sigo queriendo.
De momento lo que quiero
es querer estar sólo.
Que tengan que arrancarme la soledad.
Que sea irremediable
y no suculenta,
pero sí que sacie.

44 | ٤٤

Vivo en la expectativa de lo que no vivo.
Me detengo en lo que no soy
antes de llegar a lo que sí.
Por eso soy un experto
escapista hacia adelante.
Tengo mucho miedo
y pocas nueces.

Dinamitar la zona de confort:
Cuando lo de siempre
deja de serlo.
Cuando la de siempre
ya no responde a ese nombre
—aun cuando tres o cuatro sentimientos
no estén de acuerdo—.
Cuando los de siempre
nos vemos irnos
a buscar otro con quien serlo
en otro lugar.

Planto flores exóticas
que riego con expectativas
y se secan sin esfuerzo.

Hay malas hierbas
que llegan sin esfuerzo
y prosperan por no tener expectativas.

Suerte que hay otros
—*que saben más*—
que plantan flores sencillas
y crecen tan ricamente,
sin esfuerzo ni expectativas.

Flores como estas iluminan un rincón
entre las malas hierbas del jardín
en el que ya no vivo.

A veces no amanece
y lo que sabe bien
también se atraganta.
A veces me cuesta mirar para abajo
y darme cuenta
de que las manos que me estrangulan
son las mías.
No siempre las quito.
A veces apago el dolor
y otras le subo el volumen.

Las casas, como las personas,
dejan ver a través de las ventanas
las cosas que se pueden ver.

La mierda está cuidadosamente escondida
en cajones cuidadosamente elegidos
y debajo de la alfombra
cuidadosamente desatendida.

Así no está a la vista
ni para los de fuera
ni para los de dentro.

Unos saben que está ahí,
otros solo lo sospechan.
Los dos hacen como que no.

49 | ӘҒ

Hay cosas, como sangrar,
que no se hacen ni bien ni mal,
sino como a uno le sale
　　　—literalmente—.
Luego te ven y te dicen:
¡¿Pero no ves cómo lo has puesto
todo de rojo?!
Perdón,
por sangrar.

50 | ог

Hay abrazos,
y abrazos en los que te detienes
a contar costillas,
y lo único que importa es
que hagan lo mismo contigo.

51 | ɪS

Queridísimo Pedro:
Si hay alguien que te conoce mejor que tú,
es que hay algo que no te estás contando.

52 | ƧS

Últimamente me pasa
que me encuentro a gente
dándome abrazos espontáneos.
Me ven necesitado.
Se me nota, sospecho.
Hoy me he encontrado repartiéndolos,
para variar.

53 | ٥٣

Las malas lenguas que mal quieren,
hieren de gravedad
o, peor aún, de muerte.
Las buenas lenguas que bien quieren,
también hieren.
Hieren de ingravidez
o, mejor aún, de vida.
A ver si entre tanta herida de muerte
y herida de vida
me queda un hueco que no tirite
para ponerme las tiritas.

La zona de confort
da lugar a confusión
          —*es lugar de confusión*—.
Pero está muy bien acotada
por un suelo y un techo.
El suelo salva,
pero el techo corta y coarta.
No hay ventanas en este sitio
          —*no hay vistas al horizonte*—.
Hay paredes falsas,
y también muros de carga,
para soportar el peso
          —*de expectativas y remordimientos*—.
Pobre del que se marche
mirando hacia el techo,
porque vaya batacazo
el de las escaleras que bajan al sótano.

55 | ۵۵

Tengo tantas ganas de estar contento
que se me olvida disfrutar
de toda esta tristeza.
A veces me atrevo cuando estoy solo,
y me gotean unos poemas.

56 | ۵۶

Se va la prisa por llegar a lo que no llega
y deja espacio a los recuerdos
de lo que pasaba mientras no pasaba.

57 | ⁊⁊

Entre cada empeño y desempeño
me empaño.
Me pierdo en las sutilezas,
y las aborrezco.
Entre cada extraño y desextraño
me aborrezco yo.
La única manera de desextrañar
es volver a conocer.
Para eso hay que empeñar la soledad
hasta nuevo aviso.

58 | 8⁊

Echo de comer a los pájaros y a los músicos
para que cada cual pueda volar lo suyo
y que ellos me alimenten
y vuele un poco yo también.

59 | ੬੭

Lo extremadamente bonito
es agotador.
No hace falta querer los defectos
ni buscarlos
        —*por favor*—.
Solo que estén ahí.
Y que no brillen,
que encajen.
De momento me conformo con volver
a querer salir en las fotos.

60 | ੬੪

A los dueños de lo correcto:
        ¡Devolvédnoslo!

Subo la escalera bañada de sol.
Miguel de Unamuno estaría contento.
Me aparco en el parque.
Me cuido de la ciudad.
Me pasean alrededor los perros viejos.
Me destella la piel de sol que no conoce
y me acuerdo de la gente que sí.
Brilla también alguna cana.
Ha sido la niebla,
que desde aquí no se ve.
Me ha perseguido todo lo que ha podido,
pero se queda sin aliento
cuando yo encuentro el mío.

Mis peores poemas también son míos.
Mis peores Pedros también me pertenecen.

63 | ६३

Hago poemas cortos
porque a buen encendedor
pocas palabras prenden.

64 | ६४

A todos los que podamos:
es nuestro deber pellizcar
a todos los que podamos.
El que no puede, que no pueda.
Al que se le resiste, que se le resista.
El que no sabe, pero sí quiere,
¡pues que aprenda!
Pero a ti y a mí, por querer
que no quede.

Y dice la batería:
escuchadme esto que tengo que deciros.
Juego, me entretengo.
No me des pistas,
no me despisto.
Aquí tengo este platillo.
Redoble de bombo y lo que surja.
Me sobran las baquetas.
Brilla un poco tú también,
contrabajo y saxofón.
Tenemos conversación para rato.
También hay tiempo para los monólogos.
Redoble de ganas.
Ahora habla tú solo, saxo
y luego yo me hago oír y escuchar.
El contrabajo hace como que no.
Solo os cojo a vosotros por sorpresa,
voyeurs de esta caótica orgía organizada
de saxo salvaje y sin protección.

66 | ᴅᴅ

No sé si corro lo suficiente
como para montarme en marcha
en la vida de la gente.
Acaso hoy me haya curado un paseo
y me haya servido para coger velocidad.

67 | ꞁꞇ

Me gusta descifrar en las personas
las grietas que no me admito a mí mismo.
Menos mal que me gustan mucho más
las grutas donde me pierdo
            últimamente.

68 | 8ꝺ

De tormenta y caos.
De ti, desqueridísima entropía,
he querido recordarlo todo.
He querido olvidarlo todo.
He querido pretender indiferencia
y no tener que pretenderla.
Parece ahora, tormenta y caos,
que te he desquerido mal.
Te he recordado dueña
y te he olvidado a medias tintas.
Me queda no pretender que te he resuelto
y resolverte.
De un jilguerillo contento.
De ti, queridísima aún,
he querido recordar lo querido.
He querido olvidar lo que he dolido.
He querido no pretender
y sí ser y sí sentir.
Parece ahora, queridísimo abrigo de
                              [tormenta y caos,
que, aun queriendo,
no te he querido bien.
Te he querido como he sabido
y no como te mereces.
Me queda resolverte,
y perdonarme.

69 | 69

Ha abierto de un portazo
y entrado sin preguntar, directa
hasta la zona de pensar si es querer.
Esos ojos que quieren no ser mirados,
solo vistos,
esos vistosos, lloran.

70 | 70

La veo esculpida en mármol.
Una cosquilla la devuelve humana.
Me enfado conmigo mismo
por verla piedra.

La desnudo.
Me escondo.
Me desnuda.
Me escondo.
La averiguo.
Abro con cuidado
los pliegues y los párpados.
Creo que la he averiguado.
Me escondo.
La aparto.
Me escondo.
Y cuando lo tengo todo bajo control
en mi perfecto mundo de cosas entendidas
me está esperando en mi escondite.
Me coge de la mano.
Me dice que sabe
que no todo va a ir bien.
Quita con cuidado
los adobes de las paredes
de tierra y paja
de mi zona de confort.
Los besa uno a uno
y los deja con cuidado en el suelo.
No vamos a salir enteros de esta,
pero, cuando nos recompongamos,
me voy a llevar puestas esas piezas
de ébano en mi corazón de hojalata.

Una noche en el museo.
Instantáneas que ojalá perduren.
No captan el olor
de la pintura en mis dedos.
Mil retratos de un mismo rostro.
Distintos ángulos.
Distintos paisajes.
Pensados cuidadosamente.
Guardan lo importante
  —*deben guardarlo*—.
De tanto querernos
queremos quedarnos
con estos minutos
  —*para siempre*—
hasta que se haga de día.
No debo olvidar nunca
esta paleta de colores
que he descubierto y beso,
antes de guardarla en el cajón.

No vuelvas a sacarla
si no estás seguro de que los tonos
no te van a alegrar el día,
sino la vida.

73 | ٤٧

Me ayudó a montar todas las piezas
del rompecabezas.
Cuando terminamos,
en ningún lado encajaba ella.

74 | ٤٧

Se van los olores,
se vienen los recuerdos.
Se caen los miedos,
vienen otros nuevos.
Desaparece de mi espectro.
La pinto en todas las caras.
La quiero pintar en todas las caras.
No quiero dejar de pintarla en todas las caras.
No desaparezca nunca de mi espectro.

75 | ७७

A veces plantas viejas
se rebelan a morir,
se revelan hojas nuevas.
Necesitan:
    un agua,
        un tiempo,
            una sombra
de otras plantas frondosas.
Un día te sorprende una flor.
Otro día se ha ido
        —y no pasa nada—.
Las raíces han brotado fuerte.
Ya no se las lleva el viento
ni otros soplidos.

76 | ៩៩

Me río yo de «lo siento»,
no son las palabras más difíciles.
Todos los días lo digo,
muchas veces no lo siento.
Las más difíciles son
        «te he querido mucho».
No lo digo mucho,
pero siempre que lo digo
lo siento
        —mucho—.

77 | ᴜᴜ

Me basto yo solo para ser feliz,
o debería.
Pero a veces no me basto.
A veces no me sirvo.
A veces el mundo aprieta
y aprieta tanto
que no queda sitio para mí
ni para nadie.
Acariciar un gato no me salva la vida
y me pregunto qué sí.

78 | 8ᴜ

En el ruido encuentro el silencio.
Estoy bien mientras no me quede a solas
con ninguno de los tres.

79 | ९७

Acaso me enamore
no de personas.
Acaso me enamore
de las imágenes que proyecto,
de las que son más amables conmigo
de lo que lo soy yo.

80 | ०८

Hablan del derecho al olvido.
Poco se habla del deber al olvido.
Te debo un olvido
por todas esas veces que te he hecho mal
recordándote a contratiempo.

Cuento hasta diez.
Vuelve a encontrarme Vacío.
No se me da bien esconderme.
Volvemos a jugar.
Vuelvo a desaparecer.
Vuelve a encontrarme Vacío.
Pruebo a esconderme entre la gente.
Me escondo tan bien que ya no me veo.
Vuelve a encontrarme Vacío.
Me rindo.
No me escondo, me dejo ver.
Esta vez me la quedo yo,
a ver si de paso encuentro
todas esas cosas
que sí se me da bien esconder.

82 | ٢8

Al final la gente hace lo que puede,
ni más ni menos.
A eso hemos venido,
a hacer lo que podamos
                    —*si nos dejan*—.

83 | ٣8

Con mi alergia a la soledad, voy y
me mudo a un jardín botánico.
Me sale urticaria.
Me rasco a diario.
Me sangran las costras.
Me desgarro por las costuras.
Me pongo tiritas.
Me hago de títere.
Me impaciento por curarme
y cortar las cuerdas.

Y, ¿habéis vuelto a hablar?
No.
Pues me caía muy bien.
Ya.
¿Seguís en contacto?
No.
Es mejor así.
Supongo.
Copiar.
Pegar.
Copiar.
Pegar.

85 | ٢8

Casi siempre regreso,
pero nunca me voy por donde he venido.
No me gustaría dejarme
ninguna lección por el camino.
Vuelvo de una ciudad
que me ha dado mucho,
y no me ha dado nada.
No me voy por donde he venido.
Un par de lecciones
me llevo para el camino.
Una excursión a las personas
y un retorno a mí mismo.

86 | 8∂

Hacer las paces
con una ciudad.
Y, sobre todo
con una persona.
Una conversación
        —*por fin no pendiente*—
conmigo mismo
sobre ti, y sobre todo,
pero sobre todo sobre ti.

87 | 8�⊤

Eres un homenaje:
o a lo que debería haber aprendido
o a lo que me queda por aprender
        —*no lo sé todavía*—.

88 | 88

Tehching Hsieh y Linda Montano
atados por una cuerda durante un año.
No se tocan.
No se dejan tocar.
No se escapan.
No se dejan escapar.
Me pregunto quién de los dos la cortó
y qué harían después con la cuerda.

89 | ၉8

La impermanencia
del perpetuo intentar y no ser,
y no conseguir.
Rendirse a veces.
Dejar de intentar conseguir,
dejar de satisfacer.
Y entonces,
—*solo entonces*—
      conseguir
      y ser.

Que se marche
de una vez
por todas
lo urgente.
Que venga
para quedarse
lo importante
    —lo sopesado—
de improviso
y sin aspavientos.

91 | 19

No quiero saber dónde estás.
Quiero encontrarte por sorpresa.
Y que sea sorpresa de verdad.
Y querer encontrarte de verdad.

92 | 29

Un día no sabes de qué va la vida.
Y al otro...
Al otro tampoco.
                    Jajajajaja

93 | ६९

La confusión de los turistas en la lluvia.
Vacaciones traicionadas.
La resignación de los locales
y el disfrute de unos pocos atrevidos
que desafían el convenio de lo que es
[frustrante.

94 | ४९

Aunque tú no lo sepas
sigo viviendo un poco para ti.
Pero es solo porque para mí no sé
—*todavía*—.

95 | ?℗

Hay dolores diferentes, aprendes.
Todos ellos enseñan,
y no los enseñas todos.
Pero los mejores
son de los que aprendes
     —a coser—.
Qué bien se ven las cosas en perspectiva.
Y qué difícil es llegar aquí arriba
desde ahí abajo.

96 | ∂℗

Tenía mentirijillas piadosas
para todo el mundo,
y mentirijosas despiadadillas
para sí misma.

97 | ૮૧

Escribo por escribirme.
Me detengo por detenerme.
Dejar estas palabras por ahí
y que no encuentren mi oreja.

98 | 8૧

Viernes se ha cansado de ser viernes.
Ahora quiere ser domingo a veces.
También diciembre, si hiciera falta.
Señor Crusoe,
no le obligue a ser el mismo día
a todas horas.

99 | ǝǝ

Mis amigos:
El resumen de mis aciertos.
No añadáis nada más
en mi epitafio.

100 | 001

Está bien dejar estar.
Dejar cerrar este libro
sin marcapáginas,
de un plumazo
y sin pillarse los dedos.
Todo va a estar bien.
Al fin y al cabo
las tapas son más duras.

101 | 101

A veces todo esto se vuelve
insoportablemente innecesario.
Todo es redundante.
Rezuma porque sobra soberbia
y faltan ganas de no tenerla.
Solo entonces el sicomoro de John Green

aparece.

La serenidad de Antonio Gala,
ojalá siempre, pero solo a veces.
El impulso de releer un libro
inmediatamente, pero casi nunca.
Una bocanada de aire
a tiempo, si escasea.
La misma fotografía mil veces
—*de un reflejo*—
hasta hacer justicia.
La necesidad de escribir
cuando todo lo demás no sirve, y que sirva.
Y a la felicidad, si no viene,
          «que la zurzan».

Finalmente, a ti, abuela Pimia.
Madre de nueve y poeta de Diez

.

*Si te apetece contarme los poemas que más
te han resonado, puedes escribirme a @pdiezc
o pdiezcocero@gmail.com*